BEI GRIN MACHT SICH IHR WISSEN BEZAHLT

- Wir veröffentlichen Ihre Hausarbeit,
  Bachelor- und Masterarbeit

- Ihr eigenes eBook und Buch -
  weltweit in allen wichtigen Shops

- Verdienen Sie an jedem Verkauf

Jetzt bei www.GRIN.com hochladen
und kostenlos publizieren

Franz Füchsl, Johannes Schreiber

Die strategische Dimension der Unternehmens-IT

Einordnung, Strategieentwicklung, Enabling und Alignment

GRIN Verlag

Bibliografische Information der Deutschen Nationalbibliothek:

Die Deutsche Bibliothek verzeichnet diese Publikation in der Deutschen National-
bibliografie; detaillierte bibliografische Daten sind im Internet über http://dnb.d-
nb.de/ abrufbar.

Impressum:

Copyright © 2014 GRIN Verlag GmbH
Druck und Bindung: Books on Demand GmbH, Norderstedt Germany
ISBN: 978-3-656-73371-3

Dieses Buch bei GRIN:

http://www.grin.com/de/e-book/279525/die-strategische-dimension-der-unterneh-
mens-it

GRIN - Your knowledge has value

Der GRIN Verlag publiziert seit 1998 wissenschaftliche Arbeiten von Studenten, Hochschullehrern und anderen Akademikern als eBook und gedrucktes Buch. Die Verlagswebsite www.grin.com ist die ideale Plattform zur Veröffentlichung von Hausarbeiten, Abschlussarbeiten, wissenschaftlichen Aufsätzen, Dissertationen und Fachbüchern.

Besuchen Sie uns im Internet:

http://www.grin.com/

http://www.facebook.com/grincom

http://www.twitter.com/grin_com

Die strategische Dimension der Unternehmens - IT

Einordnung, Strategieentwicklung, Enabling und Alignment

Seminararbeit

IT-Technologie 2

Fachhochschule Vorarlberg

WINGB 13

Vorgelegt von   Franz Füchsl

Ing. Johannes Schreiber

Dornbirn, Juni 2014

Inhaltsverzeichnis

Abbildungsverzeichnis

1 Einleitung

„Wer Neues erfindet, oder wer am frühesten entdeckt, wie sich neue Technologien nutzen lassen, kann sich Alleinstellungsmerkmale verschaffen. Ein wesentliches Element bei diesen Themen ist die IT." (Müller; Neidhöfer 2008, S. IV)

„Die zielorientierte Steuerung der IT hinsichtlich der Förderung ihres Wertschöpfungs- beitrages stellt einen Erfolgsfaktor für Unternehmen dar." (Helmke; Uebel 2013, S. 5)

Aus diesen beiden Zitaten ist sehr gut ersichtlich, dass die IT im Unternehmen immer wichtiger und zu einem Erfolgsfaktor geworden ist. Der Einsatz der IT sollte allerdings nicht unkontrolliert erfolgen, sondern durch eine geordnete Strategie koordiniert werden.

Die IT Strategie stellt den planerischen Teil der Aufgabenbereiche des IT Management dar. Aus diesem Grund haben wir uns entschieden, dieses Thema zu wählen. Mit dieser Arbeit wird das Ziel verfolgt, einen groben Überblick über die Themen, welche innerhalb der IT Strategie im Unternehmen behandelt werden, zu geben und damit die Dimension in einem gut strukturierten Unternehmen darzustellen.

2 Begriffserklärung und Einordnung

Unser Verständnis von IT-Strategie orientiert sich inhaltlich an dem von Michael John Earl, Professor für Information Management an der Oxford University, erarbeiteten Konzept über die drei Ebenen der Strategie in der IT. Laut Earl besteht die IT-Strategie aus drei zusammenhängenden Teilstrategien, welche aus der Geschäftsstrategie abgeleitet werden. (vgl. Hofmann 2010, S. 11) Ersichtlich dargestellt ist dies in der folgenden Abbildung.

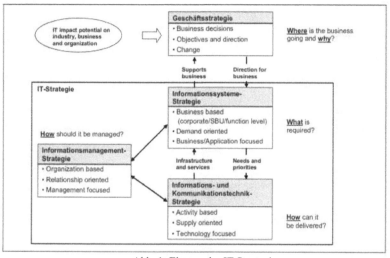

Abb. 1: Ebenen der IT Strategie

Quelle: Hofmann 2010, S. 12

Die Informationssysteme-Strategie (IS-Strategie) orientiert sich an der Nachfrage der IT-Lösungen durch die Geschäftsprozesse, die der Unternehmensstrategie und deren Umsetzung dienen. Sie legt fest, welche Informationssysteme (Applikationen) realisiert werden sollen, damit die Unternehmensstrategie erfolgreich unterstützt werden kann. Innerhalb eines Unternehmens können verschiedene strategische Geschäftseinheiten unterschiedliche strategische Ausrichtungen und somit unterschiedliche Prozesse haben, weshalb häufig auch geschäftsfeldspezifische Informationssysteme-Strategien existieren. Diese sollten mit der unternehmensweiten, übergeordneten IS-Strategie in Einklang gebracht werden. Die zentrale Frage in Bezug auf die IS-Strategie ist, welche Anwendungen aus Geschäftssicht gebraucht werden.(vgl. Hofmann 2010, S. 11) Die Informations- und Kommunikationstechnik-Strategie (IKT-Strategie) definiert den technologischen Handlungsrahmen für die Realisierung und den Betrieb der in der IS-Strategie definierten Systeme. Die Versorgung mit technischer Infrastruktur und Diensten auf, deren Basis die Applikationslandschaft aufgebaut werden kann, steht im Vordergrund der IKT-Strategie. Die zu beantwortende Frage ist, wie die benötigten Services bereitgestellt werden können. (vgl. Hofmann 2010, S. 12)

Die Informationsmanagement-Strategie (IM-Strategie) regelt die organisatorische Ausgestaltung des IT-Managements. Aufbau- und ablauforganisatorische Aspekte (Führungskonzept, Strukturen und Prozesse) der IT sowie deren Positionierung in der Gesamtorganisation gehören zu den Hauptaufgaben der IM-Strategie. Ebenso wie die damit verbundenen Beziehungen zu anderen Organisationseinheiten, insbesondere den Fachbereichen. Die hier gestellte Frage ist, wie man das ganze managen kann. (vgl. Hofmann 2010, S. 12)

„Die Definition der so verstandenen IT-Strategie ist zentrale Aufgabe des strategischen IT-Managements. Die Strategieformulierung steckt den Rahmen für die Gegenstände und Aufgaben auf der taktischen und operativen Managementebene ab." (Hofmann 2010, S. 13)

Management-ebene	Gegenstand	Ausgewählte Aufgaben

Strategisch	Langfristige Ausrichtung der IT an den Unternehmenszielen	▪ Entwicklung der IT-Strategie
		  – Strategische Situationsanalyse
		  – Strategische Zielplanung
		  – Strategieformulierung
		  – Strategische Maßnahmenplanung
		▪ Qualitätsmanagement
		▪ Technologiemanagement
		▪ Controlling, Revision, Risikomanagement

Taktisch/administrativ	Implementierung der Strategie	▪ Projekt- und Personalmanagement ▪ Daten- und Geschäftsprozessmanagement ▪ Lebenszyklusmanagement
Operativ	Betrieb und Nutzung der existierenden Infrastruktur	▪ Produktionsmanagement ▪ Problemmanagement ▪ Benutzerservice

Abb. 2: Ebenen des IT Managements
Quelle: Hofmann 2010, S. 13

3 Ausgangssituation für strategisches IT-Management

3.1 Bedeutung der IT aus heutiger Sicht

Die Bedeutung der IT aus heutiger Sicht ist in der Unternehmenswelt unbestritten. Beispielsweise werden in allen wichtigen Managermagazinen immer wieder auch Artikel über IT Themen veröffentlicht.

Eine gute Aussage, welche die Bedeutung der IT hervorstreicht, findet man im Interview mit dem ehemaligen VW-Vorstandschef Prof. Dr. Carl Hahn. „Ohne leistungsfähige IT-Lösungen geht in der Automobilbranche heute nichts mehr." (FOCUS Redaktion; Prof. Dr. Carl Hahn 2009) Die Aussage von Prof. Dr. Carl Hahn gilt allerdings nicht nur für die Automobilindustrie. Auch in der Industrie für Automatisierung gibt es hierzu Aussagen die in die gleiche Richtung zielen. Ein Beispiel hierfür: „Funktioniert die IT im Unternehmen nicht richtig beziehungsweise wird deren Potential nicht voll ausgenutzt, heißt das heutzutage einen großen Wettbewerbsnachteil. Dies kann sogar bis zum vollständigen Verlusten von wichtigen Kunden führen und damit das Ende eines an sich gesunden Unternehmens bedeuten." (Gehrer 2014)

3.2 kritische Betrachtung der IT

Trotz dieser Aussagen zu der immensen Bedeutung der IT in den Unternehmen gibt es auch eine Reihe von kritischen Betrachtungen zu deren Wertbeitrag für ein Unternehmen.

Als Beispiel hierfür kann das Produktivitätsparadoxon hergenommen werden, welches besagt, dass Unternehmen die Produktivität trotz Steigerung der IT-Investitionen und deren Leistungsfähigkeit nicht steigern konnten. (vgl. Hofmann 2010, S15)

Weiters sind kritische Betrachtungen aus dem Harvard Business Review Artikel von Nicholas G. Carr zu entnehmen. Darin wird zum Beispiel erwähnt, dass die IT zum „Gut für Jedermann" verkommen ist und deshalb kein strategischer Wettbewerbsvorteil mehr sein kann. (vgl. Carr 2003)

„Nach unserem Verständnis ist die IT viel zu wichtig geworden, als dass man sie heute noch ohne konsequente Anbindung an das Business und ohne einen ständigen Austausch „auf Augenhöhe" mit dem Topmanagement betreiben sollte." (Plass u. a. 2013, S10) Sowohl die Geschäftsleitung wie auch die IT Leiter sind hier, gefordert den Bogen zwischen einerseits zu hohen Ausgaben für die IT und andererseits den Mangel an Beitrag zum Geschäftserfolg durch mangelnde IT zu spannen. (vgl. Plass u. a. 2013)

Ähnliches berichten hier Ward und Peppard, die in ihren Forderungen von einer Organisation sprechen, welche eine Entwicklung hin zu einer ausgeprägten IT Fähigkeit vollzieht. (vgl. Hofmann 2010, S.16) „Damit soll ein höherer Reifegrad des IT-Managements und damit der IT erreicht werden, der zur besseren Ausschöpfung der Potenziale führen soll." (Hofmann 2010, S.16)

3.3 Reifegrad

Genau jenen Managern bereitet die IT allerdings oft Kopfzerbrechen. Das aus Kosten, Termine und Qualität bestehende magische Dreieck ist oftmals nicht ausgewogen. Schnell kommt dann die Frage auf, welchen Reifegrad die eingesetzte IT hat. (vgl. Müller; Neidhöfer 2008, S.157)

Viele Unternehmen wie zum Beispiel Amazon und Cisco setzten allerdings ähnliche, frei am Markt zugängliche Technologien ein und sind trotzdem erfolgreicher wie andere. Dies lässt also den Schluss zu, dass es einige Organisationen besser verstehen wie andere den IT Einsatz zu planen, gestalten und durchzuführen. (vgl. Hofmann 2010, S.16) „Gründe dafür dürften in einer höheren Reife bezüglich der IT und deren Management liegen". (Hofmann 2010, S.16)

Ein Weg zur Messung des Entwicklungsgrades von IT-Managementprozessen im Hinblick auf zum Beispiel deren Entwicklungsstand ist das Reifegradmodell. (vgl. IT Governance Institute 2005, S.23) Mit Hilfe der Verwendung des Reifegradmodelles kann das Management die folgenden Punkte identifizieren (vgl. IT Governance Institute 2005, S.21):

- Wo befindet sich das Unternehmen heute? (vgl. IT Governance Institute 2005, S.21)
- Vergleich zu Mitbewerbern / anderen Unternehmen (vgl. IT Governance Institute 2005, S.21)
- Wo will das Unternehmen hin? (vgl. IT Governance Institute 2005, S.21)

Um solche Ergebnisse in Managementberichten, in denen sie als Mittel zur Untermauerung für zukünftige Pläne verwendet werden, einfach darzustellen, empfiehlt sich eine graphische Darstellungsmethode wie in der folgenden Abb. 3: graphische Darstellung des Reifegradmodells ersichtlich.

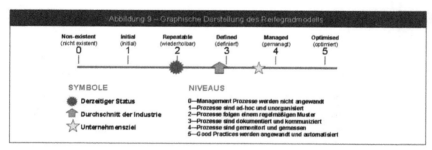

Abb. 3: graphische Darstellung des Reifegradmodells
Quelle: IT Governance Institute 2005, S.21

4 Prozess der IT-Strategieentwicklung

In unserer Arbeit werden die Begriffe IT-Strategieentwicklung und IT-Planung synonym
verwendet, obwohl Planung streng genommen kein strategisches Denken mit kreativen
Elementen beinhaltet. Diese Begriffe umfassen die Strategieformulierung mit einigen
vorausgehenden Aktivitäten sowie die Maßnahmenplanung, die als Basis für die sich
anschließende Strategieimplementierung dient. (vgl. Hofmann 2010, S. 23 – 24)

4.1 Überblick

„Die IT-Strategie ist eine Funktionalstrategie der strategischen Geschäftseinheit (SGE) IT
und umfasst die „langfristige Ausrichtung" und die „zielgerichtete Planung und Steuerung
der IT unter Berücksichtigung der Kosten" (Bashiri; Engels; Heinzelmann 2010, S. 21)

Um die IT-Strategie entwickeln zu können, bedarf es vorab der Kenntnis über die
Informationsbedürfnisse von Fachbereichen und Management (Nachfrageseite). Aufgrund
dieser Kenntnis lässt sich zunächst die Frage, welche Art von IT-Lösungen braucht das
Unternehmen, welche hat das Unternehmen bereits und welche würden dem Unternehmen
einen Wettbewerbsvorteil verschaffen, formulieren. (vgl. Hofmann 2010, S. 24)

Im nächsten Schritt muss definiert werden, welche IT-Lösungen wie angeboten werden
sollen (Versorgungsseite). Das Abstimmen der IT-Strategie mit der Unternehmensstrategie
bringt den Vorteil mit sich, dass eine simultane Entwicklung beider Strategien möglich ist.
Dies wiederum ermöglicht eine optimale Ausrichtung der IT-Strategie an der
Unternehmensstrategie (Alignment) und bringt die Möglichkeit mit sich, Impulse der
Technologie für das Geschäft zu verwerten (Enabling). (vgl. Hofmann 2010, S. 24)

Üblicherweise beginnt man mit der Festlegung des Betrachtungsbereichs (Scope). Dies ist
jener Bereich, für den der Strategieentwicklungsprozess durchgeführt werden soll.
Anschließend wird eine eingehende Analyse der Ist-Situation gemacht. (vgl.
Hofmann 2010, S. 25)

Basierend auf dem Ist-Zustand werden nun die Ziele definiert. Aufgrund der nun bekannten Ziele ist es möglich, die IT-Strategie zur Erreichung der Ziele zu formulieren. Aus der Strategieformulierung ergibt sich ein Maßnahmenplan, welcher schließlich die Implementierung der IT-Strategie einleitet. (vgl. Hofmann 2010, S. 25) Gut ersichtlich ist dies in der folgenden Abbildung:

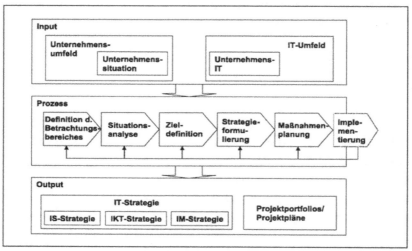

Abb. 4: Input, Prozess und Output der IT-Strategieentwicklung

Quelle: Hofmann 2010, S. 25

4.2 Was wird betrachtet?

Am Beginn eines jeden IT-Strategie-Prozesses wird der gewünschte Betrachtungsbereich, Scope genannt, festgelegt. Im Wesentlichen muss entschieden werden, ob es um die Entwicklung einer IT-Strategie auf Unternehmensebene oder auf der Ebene einer strategischen Geschäftseinheit geht. Diversifizierte Unternehmen sind meist in solche strategische Geschäftseinheiten unterteilt, damit sie die einzelnen Einheiten besser an ihren Markt ausrichten können und flexibler agieren können, als wenn alle Aktivitäten rein auf Unternehmensebene gesteuert würden. Die Frage, auf welcher Ebene die IT-Strategie nun ihren Platz finden soll, muss somit für jede der drei IT-Teilstrategien beantwortet werden. (vgl. Hofmann 2010, S. 27)

Eine Einteilung auf welcher Ebene sich die IT Strategie eingliedern sollte ist in der folgenden Abbildung dargestellt.

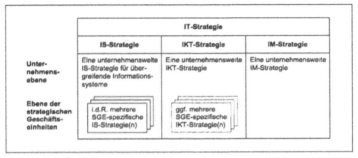

Abb. 2.3.2/1   Scope für die IT-Strategieentwicklung

Abb. 5: Scope für die IT-Strategieentwicklung

Quelle: Hofmann 2010, S. 28

Meist existiert die Informationssysteme-Strategie (IS-Strategie) bereits separat für das Gesamtunternehmen und die strategischen Geschäftseinheiten (SGE). Übergreifende Anwendungen werden im IS-Strategie-Teil des Gesamtunternehmens abgedeckt, Informationssysteme die rein für die Geschäftsbereiche sind fallen in den SGE-Bereich. Die Informations- und Kommunikationstechnik-Strategie (IKT-Strategie) hingegen ist kaum abhängig von dem Grad der Homogenität der IS-Strategien. Es wird im Allgemeinen versucht, die IKT-Strategie unternehmensweit abzugleichen und somit auf eine einzige zu reduzieren. Für die Informationsmanagement-Strategie (IM-Strategie) wird ebenfalls ein zentrales Modell, das unternehmensweit gültig ist, angestrebt. (Hofmann 2010, S. 28 – 29)

4.3 Analyse der Situation

"Mit der Situationsanalyse wird der Grundstein für die Formulierung der IT-Strategie gelegt. Das Unternehmen und sein Umfeld, jeweils bezogen auf seine Geschäftstätigkeit und seine IT, sind zu analysieren mit Blick auf Stärken, Schwächen, Chancen und Risiken." (Hofmann 2010, S. 29) Aus dieser Analyse lassen sich die Anforderungen an die IT ableiten, was wiederum Basis für die IT-Strategie ist.(vgl. Hofmann 2010, S. 29) Die Situationsanalyse wird in vier Teilanalysen unterteilt um ein besseres Bild des Unternehmens und seiner Teilbereiche zu bekommen. (vgl. Hofmann 2010, S. 31)

Der erste Teil ist die Analyse des Unternehmens. Diese dient der Erhebung und Interpretation der Ist-Situation im Hinblick auf Stärken und Schwächen des Unternehmens. Wesentliches Augenmerk bei dieser Untersuchung wird auf die Mission, die Vision, die Unternehmensziele, kritische Erfolgsfaktoren, verfolgte Strategien sowie die wichtigsten Informationsobjekte gelegt. (vgl. Hofmann 2010, S. 31)

Im weiteren Verlauf wird das Unternehmensumfeld analysiert. Hauptaugenmerk hierbei liegt in der makroökonomischen Situation und im Wettbewerbsumfeld des Unternehmens. Ziel ist es, die Chancen und Risiken des Unternehmens zu erfassen. Während die Untersuchung des makroökonomischen Umfelds die marktrelevanten Faktoren identifiziert und bewertet, so bringt die Analyse des Wettbewerbsumfelds Informationen über die Position und das Verhalten von Kunden, Lieferanten sowie gegenwärtigen und potentiellen Wettbewerbern.(vgl. Hofmann 2010, S. 44 – 46)

Die dritte Teilanalyse beschäftigt sich mit der Unternehmens-IT. Die bestehende IT-Strategie und die bereits existierende IT-Landschaft bilden den Maßstab für die Abweichungsanalyse. Der Ist-Bestand wird mit der Soll-Umgebung verglichen um Handlungsfelder und Handlungsbedarfe identifizieren zu können. Als wichtigste Untersuchungsgegenstände lassen sich das IT-Leitbild, die technische Infrastruktur und die Organisation der IT definieren. (vgl. Hofmann 2010, S. 48)

Die letzte Teilanalyse ist die Analyse des IT-Umfelds. Hier wird die Entwicklung der Technologie und ihr Umfeld sowie der gegenwärtige und potentielle Nutzen durch andere betrachtet, um Chancen und Risiken des IT-Einsatzes identifizieren zu können. Ermittelte IT-Trends sollten einer eingehenden Analyse ihres Chancen- und Risikopotentials unterzogen werden. (vgl. Hofmann 2010, S. 52)

Die Ergebnisse der vier Teilanalysen können anhand von SWOT-Analysen einerseits für das Geschäft, andererseits für die IT bewertet werden. Die Abkürzung SWOT bedeutet Strengths (Stärken), Weaknesses (Schwächen), Opportunities (Chancen) und Threats (Bedrohungen).

Eine SWOT-Matrix verbindet die unternehmensinterne und –externe Sicht und ist in der folgenden Abbildung ersichtlich. (vgl. Hofmann 2010, S. 53)

		Externe Analyse	
		Opportunities	**Threats**
Interne Analyse	**Strengths**	aus Stärken und Chancen abgeleitete Strategieoptionen	aus Stärken und Bedrohungen abgeleitete Strategieoptionen
	Weaknesses	aus Schwächen und Chancen abgeleitete Strategieoptionen	aus Schwächen und Bedrohungen abgeleitete Strategieoptionen

Abb. 6: SWOT-Matrix

Quelle: Hofmann 2010, S. 53

Anhand dieser Matrix können strategische Optionen und Aktivitäten entwickelt werden. (vgl. Hofmann 2010, S. 53)

4.4 Definition der Ziele

Um eine geeignete IT-Strategie formulieren zu können, müssen zuvor die auf die IT-Nutzung durch das Unternehmen bezogenen Ziele definiert werden. Diese Ziele sollten realistisch und dennoch ambitioniert sein. (vgl. Hofmann 2010, S. 55 – 56)

Als Basis für die Zieldefinition dient die zuvor gemachte Situationsanalyse, den äußeren Rahmen setzen die IT-Mission und die IT-Vision. Die Art der Ziele lässt sich in Sach- und Formalziele unterteilen. (vgl. Hofmann 2010, S. 55 – 56)

Sachziele haben einen direkten Bezug auf konkrete Handlungen in den betrieblichen Funktionen, Formalziele hingegen sind übergeordnete Ziele mit Kriterien wie Produktivität, Wirtschaftlichkeit und Rentabilität, die auf den Erfolg des Unternehmens abstellen. (vgl. Hofmann 2010, S. 55 – 56)

Um Ziele verfolgen und den daraus entstandenen Erfolg messen zu können, müssen Ziele mit Maßgrößen, Zeitbezug und Organisationsbezug versehen werden. Maßgrößen legen das Ausmaß des Zieles fest. Der Zeitbezug legt den zeitlichen Rahmen für das Erreichen des Ziels fest. Der organisatorische Bezug definiert die Verantwortlichen für das Erreichen des Zieles. (vgl. Hofmann 2010, S. 57)

4.5 Formulierung der Strategie

Die Strategieformulierung hat vorwiegend den Zweck, die für die Erreichung der Geschäftsziele nötigen Systeme und deren Priorisierung zu identifizieren, sowie die Beschaffung und Allokation der Ressourcen zu definieren. Vorab müssen Handlungsfelder gebildet werden, in welchen anschließend Maßnahmen entwickelt werden, die zur Erreichung der Ziele beitragen. Beispiele für solche Handlungsfelder sind die IT-Architektur, die IT-Governance oder das IT-Sourcing. (vgl. Hofmann 2010, S. 58)

Meist besitzen Organisationen jedoch über die Jahre hin entstandene IT-Landschaften und die dazugehörigen Managementstrukturen. Aus diesem Grund stellt die IT-Strategie meist nur einen Migrationspfad von der Ist-Situation zur Soll-Situation dar. Ziel dabei ist es, Stärken zu nutzen, Schwächen zu beseitigen und gegebenenfalls neue Herausforderungen meistern zu können. Aus diesem Grund findet man die Ergebnisse aus der Situationsanalyse und der Strategieformulierung in der IT-Strategie wieder. (vgl. Hofmann 2010, S. 68)

4.6 Maßnahmenplanung

Nachdem durch die IT-Strategie der gewünschte Soll-Zustand formuliert wurde, muss in weiterer Folge ein Plan erstellt werden, wie und bis wann die entsprechenden Maßnahmen umzusetzen sind. Dies kann durch Sofortmaßnahmen erfolgen, die als „Quick Wins" („low hanging fruits") mit recht wenig Aufwand und sehr zeitnah den Sollzustand herbeiführen. Größere Vorhaben in der IT sollten dennoch als Projekt betrachtet werden, da es in erster Linie um die Generierung von Ideen und zur Schließung von Lücken im Hinblick auf die IT-Strategie geht. (vgl. Hofmann 2010, S. 69 – 70)

5 Alignment

Die Gestaltung der Organisation in einem Unternehmen sowie die Gestaltung von Anwendungssystemen sind auf komplexe Weise miteinander verknüpft. Anwendungssysteme dienen ihrerseits der Unterstützung betrieblicher Prozesse, d.h. ihre Gestaltung ist nach fachlichen Anforderungen auszurichten. Die Organisationsgestaltung hingegen muss die Geschäftspotenziale realisieren um die IT-Innovationen zu ermöglichen.(vgl. Winter; Landert 2006, S. 309)

Aus klassischer Sicht ist die Aufgabe der IT-Organisation zunächst nur die Inbetriebnahme und laufende Betreuung eines Rechenzentrums. Mit zunehmender Bedeutung der IT für die effektive und effiziente Durchführung von Geschäftsprozessen wuchs auch das Aufgabenportfolio der IT-Organisation. (vgl. Keuper 2010, S. 120)

Zur Begutachtung des Alignments sind die drei unterschiedlichen Bereiche Organisation, Geschäftsprozess und IT zu betrachten. Alignment ist nichts Statisches, das einmal erzeugt worden ist und dann für immer so bleibt, Alignment ist etwas das sich permanent entwickelt und neu ausrichtet. (vgl. Masak 2006, S. 10 – 12)

Das Zusammenspiel von Business und der IT, sowie die Wirkungsfaktoren des Business-IT Alignments sind in der folgenden Abbildung gut zu erkennen.

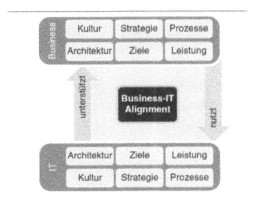

Abb. 7: Wirkungsfaktoren des Business-IT Alignment

Quelle: Bashiri; Engels; Heinzelmann 2010, S. 37

5.1 Begriffserklärung

„Unter dem Begriff Alignment versteht man den Grad der gemeinsamen Ausrichtung von IT und Organisation."(Masak 2006, S. 10)

Alignment steht für die wechselseitige Abstimmung von Zielen, Strategien, Architekturen, Leistungen und Prozessen zwischen Informatikbereichen und Fachbereichen in Unternehmen. (vgl. Winter; Landert 2006, S. 309)

Im übertragenen Sinne ist IT- Alignment auch Grundlage einer effizienten Zusammenarbeit von Unternehmen (als Nachfrager von IT-Leistungen) und IT-Dienstleistern. (vgl. Winter; Landert 2006, S. 309)

5.2 Kognitives Alignment

Kognitives Alignment steht für das gemeinsame Ausrichten des Gedankenguts zwischen der Geschäftswelt und der IT. (vgl. Masak 2006, S. 59 – 60)

Das kognitive Alignment hat auch jenseits von Strategien, Technologien und Architekturen oder Geschäftsprozessen eine immense Bedeutung auf der Ebene der Psychologie. Die psychologischen und sozialen Eigenschaften der Menschen spielen in jedem Prozess, in dem sie beteiligt sind, eine wichtige Rolle. Sehr oft tendieren Menschen dazu, Technik in den Vordergrund zu stellen und vergessen dabei, den Menschen mit seinen Eigenschaften, Wünschen und Nöten ins Zentrum der Bemühungen zu stellen. (vgl. Masak 2006, S. 59 – 60)

„Hinter dem Begriff des kognitiven Alignments versteckt sich die Frage nach den Werten und Ideen, welche die Menschen in der Organisation bezüglich der IT und die IT-Mitarbeiter gegenüber der Organisation haben."(Masak 2006, S. 60)

Deshalb ist es sinnvoll, das kognitive Alignment aus zwei dualen Dimensionen heraus, der intellektuellen und der sozialen Dimension, zu betrachten. Beide Dimensionen sind nicht zwingend orthogonal zueinander sondern bedingen sich in gewisser Weise gegenseitig. Einerseits hat das soziale Gefüge einer Organisation Einfluss auf die intellektuelle Wahrnehmung, andererseits haben intellektuelle Ideen Einfluss auf das soziale Umfeld. (vgl. Masak 2006, S. 60)

Die intellektuelle Dimension beinhaltet die Sprache, die Techniken und die Methoden um überhaupt eine Strategie beziehungsweise eine Beobachtung formulieren zu können. Die soziale Dimension bezieht sich auf die Wahl der handelnden Personen, deren Beziehungen und Kommunikationsmethoden innerhalb eines Entscheidungsprozesses.(vgl. Masak 2006, S. 60)

Um das kognitive Alignment bestimmen zu können behilft man sich mit der Befragung des IT- und Fachbereichs mittels Fragebögen. Je nach Zielgruppe wird mittels verschiedenen Fragebögen das wechselseitige Wissen über bestimmte Begriffe beziehungsweise die aus diesem Wissen ableitbaren Einschätzungen erfasst. Das kognitive Alignment wird oft vorausgesetzt oder verschwindet aus dem Fokus der Beteiligten, da es im allgemeinen Hintergrundwissen aller Beteiligten angesiedelt ist. Das kognitive Alignment ist eine Voraussetzung für die konkreteren Formen des Alignments wie das architektonische Alignment oder das strategische Alignment.(vgl. Masak 2006, S. 80 – 81)

5.3 Architektonisches Alignment

„Das architektonische Alignment befasst sich damit, wie gut die Struktur der Softwarearchitektur zur Geschäftsprozess- und Organisationsarchitektur passt."(Masak 2006, S. 145)

Nur wenn diese beiden Strukturen Ähnlichkeiten aufweisen, kann davon ausgegangen werden, dass sie auch zueinander passen. Das architektonische Alignment ist somit der Versuch, die Ähnlichkeit zwischen zwei unterschiedlichen Strukturen zu messen. (vgl. Masak 2006, S. 145)

Um bestmögliche Erfolge aufweisen zu können werden die Bereiche Organisationsarchitektur und Geschäftsprozessarchitektur getrennt voneinander mit der
Softwarearchitektur verglichen. In einigen Fällen reicht es aus, nur die Geschäftsprozessarchitektur mit der Softwarearchitektur zu vergleichen. Grund dafür ist die Annahme, dass
eine Organisationsstruktur auf lange Sicht der Geschäftsprozessarchitektur folgen muss, da
eventuelle Unstimmigkeiten zwischen diesen beiden Strukturen für die Organisation
längerfristig nicht tragbar sind.(vgl. Masak 2006, S. 145)

Um den Grad der Übereinstimmung der Geschäftsprozessarchitektur und der
Softwarearchitektur ermitteln zu können, werden verschiedenste Metriken herangezogen.
Anhand des Überdeckungsgrades wird ermittelt, wie viele Geschäftsprozesse durch
Services im Rahmen einer service-orientierten Architektur (SOA) unterstützt werden.
Hierbei muss beachtet werden, dass kein hundertprozentiger Überdeckungsgrad angestrebt
wird, da eine IT-Unterstützung nicht immer sinnvoll und wirtschaftlich ist. Anhand der
Granularität wird die Anzahl der Services in einem IT-System betrachtet. Werden nur
wenige Services implementiert bedeutet dies meistens, dass diese sehr spezialisiert und
damit nicht wieder verwendbar sind. (vgl. Masak 2006, S. 146 – 148)

5.4 Strategisches Alignment

Das strategische Alignment versucht die IT-Strategie und die Businessstrategie in Bezug
auf ihre jeweiligen Richtungen zur Überdeckung zu bringen. (vgl. Masak 2006, S. 163 –
164)

Das wichtigste Ziel, als Folge eines sehr hohen Grades an strategischem Alignment, ist
einen möglichst hohen Grad an kognitivem, architektonischem und temporalem Alignment
für das Tagesgeschäft zu erreichen. Da sich Strategien jedoch nur sehr schwer
quantifizieren lassen, müssen diese anhand ihrer kognitiven Größen gemessen werden. Es
werden die verschiedenen Strategien und deren Erfüllungsgrad anhand subjektiver
Einschätzungen gemessen. (vgl. Masak 2006, S. 163 – 164)

Hinter dem Modell des strategischen Alignments steckt die Auffassung, dass Werte wie Performanz, Effizienz und Effektivität innerhalb einer Organisation umso höher werden, je enger die IT-Strategie und die Businessstrategie zusammenarbeiten und beide aneinander ausgerichtet sind. (vgl. Masak 2006, S. 163 – 164)

Es ist offensichtlich, dass ein mangelndes strategisches Alignment zwischen der Geschäftswelt und der IT für ein Unternehmen Probleme bereitet. Dennoch gibt es auch einen gegenteiligen Effekt. Ist das Alignment zu stark, kann es auch schädlich für das Unternehmen sein, da die Koppelung zwischen Geschäftsstrategie und IT so stark ist, dass die Organisation an der notwendigen Flexibilität verliert. Diese Betrachtung ist analog der Flexibilitätsbetrachtung in der Architektur, wobei hier die Software die Flexibilität der Organisation beeinträchtigt.(vgl. Masak 2006, S. 191)

In der folgenden Abbildung sind die unterschiedlichen Ansätze zwischen strategischem und architektonischem Alignment gut erkennbar.

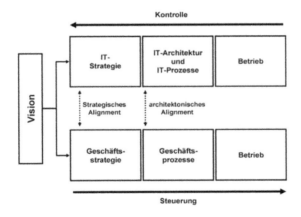

Abb. 8: Die Unterschiede zwischen strategischem und architektonischem Alignment

Quelle: Masak 2006, S. 164

5.5 Temporales Alignment

„Mit Hilfe des temporalen Alignments wird gemessen, wie gut und wie schnell die Softwareentwicklung auf Veränderungen der Geschäftswelt reagieren kann." (Masak 2006, S. 261) Den entstandenen Zeitversatz innerhalb dieser Koppelung zu messen ist eines der primären Ziele des temporalen Alignment. (vgl. Masak 2006, S. 262)

Meist sind die Veränderungen der Anforderungen ausschlaggebend für die Implementierung. Dies bedeutet wiederum, dass zwischen beiden ein positiver Zeitunterschied existiert. Es ist in der Theorie auch eine Änderung der Implementierung vor der Veränderung der Anforderungen möglich, jedoch ist dies sehr selten. Dass es dennoch manchmal so erscheint als ob die Software ein aufkommendes Problem frühzeitig lösen konnte, liegt in den meisten Fällen an dem Phänomen der Adaption.(vgl. Masak 2006, S. 262)

5.6 Systemisches Alignment

Organisationen, sofern sie als offene Systeme betrachtet werden, absorbieren Ressourcen aus ihrer Umgebung und verarbeiten sie, um ihr Ziel zu erreichen. Dies geschieht auch mit der Ressource Information, welche die primäre Ressource der IT ist. Die Informationen werden aus der Umgebung aufgenommen und zu Wissen verarbeitet. (vgl. Masak 2006, S. 314 – 315)

Eine Organisation besteht aus verschiedenen Substrukturen, von welchen jede für sich und für die anderen Informationen aufnimmt und zu Wissen umformt. Diese Eigenschaft nennt man die wissenserzeugende Funktion der IT. Neben der Wissenserzeugung ist auch die Wissensverteilung ein wichtiger Bestandteil der IT. Das relevante Wissen soll effektiv zur richtigen Suborganisation transportiert werden. (vgl. Masak 2006, S. 314 – 315)

„Als offenes System betrachtet erfüllt die IT die Rolle des Co-Alignments, indem die IT interne, innerhalb der Organisation, und externe, außerhalb der Organisation entstehende Information bündelt und diese geeignet weiterverarbeitet" (Masak 2006, S. 315)

Das Systemische Alignment definiert nicht wie ein Geschäftsprozess abläuft, sondern stellt die Frage nach der Kontrolle und den Feedbacksystemen und ihrer Softwareunterstützung innerhalb der Organisation und an ihrer Schnittstelle zur Umgebung. (vgl. Masak 2006, S. 329)

5.7 Alignmentevolution

Wie bereits zuvor erwähnt ist Alignment nichts Statisches beziehungsweise nichts, das nach Erreichen eines Zustandes für die Ewigkeit so bleibt. Das Alignment ist nie von Dauer und unterliegt einer stetigen Evolution, teilweise auch einer Revolution. (vgl. Masak 2006, S. 337)

Das temporale Alignment zeigt uns, dass sich die Domäne langsam verändert, was der Auslöser für eine nachfolgende Veränderung der Software ist, damit das vorher bestehende Alignment erhalten werden kann. (vgl. Masak 2006, S. 337 – 338)

Im Prinzip ist die Entwicklung einer Strategie auch das Umsetzen eines erlernten Lösungsmusters, da auf eigene Erfahrungswerte zurückgegriffen wird. Eine Strategie, die aus Erfahrungen entstanden ist, ist eine Extrapolation der eigenen Vergangenheit. Bei einer sich nur langsam verändernden Umgebung funktioniert dieses Lösungsmuster sehr gut, bei einer drastischen Änderung ist diese Lösung unbrauchbar. Aus diesem Grund müssen „Alte Spielregeln" durch neue, zum Teil unbekannte, ersetzt werden. (vgl. Masak 2006, S. 337 – 338)

6 Enabling

6.1 IT Governance – Aufgaben und Prozesse

„Aufgabe der IT-Governance ist es sicherzustellen, dass die IT einen Wertbeitrag für das Unternehmen stiftet, indem sie die Umsetzung der Unternehmensziele unterstützt, die verfügbaren Ressourcen sinnvoll einsetzt und das Betriebsrisiko der IT (Ausfallsicherheit der Systeme, Schutz vor unberechtigten Zugriffen, Verfügbarkeit der Informationen) angemessen reduziert."(Helmke; Uebel 2013, S.60)

Die Kernprozesse der IT Governance umfassen unter anderem die Ableitung der IT Strategie aus der Unternehmensstrategie, IT Architekturmanagement, die Betreuung der Fachbereiche und deren Anforderungen, Projektprioritäten und deren Steuerung zu übernehmen, IT Risikomanagement, die Kontrolle der eingesetzten Ressourcen und die IT-Investitionssteuerung. (vgl. Helmke; Uebel 2013, S.60)

6.1.1 Grundlagen zur Governance

Ins Deutsche übersetzt heißt „Governance" eigentlich „das Regieren", „die Steuerung", „Regierungsgewalt" oder „die Herrschaft". (LEO 2014b)

„Eine Definition von Governance in der IT-Governanceliteratur, die weder eine reine Übersetzung noch eine Spezialisierung auf Corporate Governance oder IT Governance darstellt, findet sich bei Johannsen und Goeken (2006, 13). Diese Definition versteht Governance als „die Grundlagen verantwortungsvolle, nachhaltige und auf langfristige Wertschöpfung gerichtete Organisation und Steuerung von Aktivitäten und damit das gesamte System interner und externer Leistungs-, Kontroll- und Überwachungs-mechanismen" (Schwertsik 2013, S.16)

Ähnlich wie der Begriff „Governance" wird auch der Begriff „corporate Governance" unterschiedlich interpretiert. Weit verbreitet sind in diesem Zusammenhang die beiden im Deutschen verwendete Begriffe Unternehmenskontrolle und Unternehmensverfassung. Sie sind keineswegs direkte Übersetzungen, stellen aber schneidende Begriffe dar. (vgl. Schwertsik 2013, S. 17)

Die unterschiedlichen Blickwinkel auf die Corporate Governance können allerdings auch graphisch dargestellt werden. Dabei wird in der folgenden Abbildung berücksichtigt (vgl. Schwertsik 2013, S.19):

- die interne und externe Perspektive,
- formelle und informelle Prozesse und Strukturen
- und die Inhalte der entstehenden Matrix werden klassifiziert anhand der jeweils dominierenden Perspektive.(vgl. Schwertsik 2013, S.19)

	Formelle Strukturen	Informelle Strukturen	Prozesse
	Wirtschaftsperspektive	Macht	Sozialpsychologie
Interne Perspektive	Gestaltung optimaler Anreiz-und Überwachungsstrukturen	Einfluss von Positionen auf Macht/ Politik innerhalb einer Organisation	Untersuchung von Einflussfaktoren auf Entscheidungsprozesse
	Rechtliche Perspektive	Perspektive sozialer Netzwerke	Symbolisches Management
Externe Perspektive	Erstellung und Durchsetzung von Governance Regeln und Richtlinien	Offenlegung von Macht- und Informationsflussin interorganisationalen Netzwerken	Untersuchung des Einflusses von Symbolen und Sprachverwendung auf die Einhaltung von Normen und Regeln

Abb. 9: Blickwinkel auf Corporate Governance

Quelle: Schwertsik 2013, S.19

6.1.2 IT Governance und Informationsmanagement

6.1.2.1 *Begriff*

Mit Hilfe der folgenden Ausführungen kann man die IT Governance verbinden und zu einem besseren Verständnis beitragen. IT Governance

- ... „leitet sich aus der Unternehmensgovernance ab" (Schwertsik 2013, S.23)
- ...beschäftigt sich mit der Auf- und Zuteilung von Entscheidungsrechten und Zuständigkeiten. (vgl. Schwertsik 2013, S.23)
- ...beschäftigt sich mit den Strukturen, Prozessen und Mechanismen welche die Grundlagen der Entscheidungen und Zuständigkeiten bilden. (vgl. Schwertsik 2013, S.23)
- ... und hat die Angleichung der IT und Unterstützung der Geschäftsziele bzw. die Sicherstellung eines Wertbeitrags der IT zum Unternehmenserfolg als zentrale Aufgabe. (vgl. Schwertsik 2013, S.23)

Nur auf diesen Grundlagen könnte man unter IT Governance auch das IT Management verstehen. Dem ist allerdings nicht so. „Governance beschäftigt sich mit der Entwicklung eines Rahmens, in dem Management effektiv agieren kann – im Gegensatz dazu versteht man unter Management das Treffen operativer Entscheidungen."(Schwertsik 2013, S.25)

6.1.2.2 *Einordnung in das Informationsmanagement*

Aufbauend auf dem Verständnis von IT Governance, welches im Punkt 6.1.2.1 erarbeitet wurde, kann nun eine Einordnung der IT Governance in das Informationsmanagement vorgenommen werden.

Im Informationsmanagement (IM) ist eine der zentralen Aufgaben die „Gestaltungsfrage, wie die Entscheidungsprozesse im IM aussehen sollten und wer die Verantwortung für die Entscheidung und Ergebnisse im IM zu tragen hat." (Krcmar 2005, S.288) Eben jene Gestaltungsaufgabe wird in der Literatur und Praxis als IT Governance verstanden.(vgl. Krcmar 2005, S.288)

Im Modell von Krcmar wird die IT Governance den Führungsaufgaben des Informationsmanagement zugeordnet und unterstreicht damit die allgemein gültige Aufnahme des Begriffs IT Governance in die Unternehmensleitung und des Informationsmanagements.(vgl. Schwertsik 2013, S.24) Gut ersichtlich ist dies in der folgenden Abbildung:

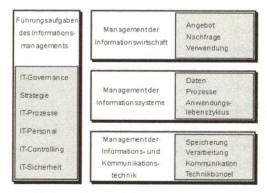

Abb. 10: Modell des Informationsmanagements
Quelle: Krcmar 2005, S.47

6.1.3 Entwicklung und aktueller Stand

Anfang der neunziger Jahre begann die IT- Governanceliteratur die Thematik einer

strategischen Ausrichtung der IT im Spannungsfeld zwischen zentralen und dezentralen

Organisationseinheiten aufzugreifen. Es wurden Vorschläge entwickelt, um anhand von

diversen organisationalen Kontingenzfaktoren zu entscheiden, wie IT–Entscheidungsrechte

zentralen und dezentralen Bereichen zuzuordnen sind. (vgl. Schwertsik 2013, S.29)

Einhergehend mit der Diskussion um zentrale oder dezentrale Entscheidungskompetenzen

der einzelnen Bereiche geht die Frage mit der Ansiedelung der IT in der

Gesamtorganisation des Unternehmens. Geschichtliche Entstehung dieser Ansiedelung

kann wie folgt zusammengefasst werden (vgl. Schwertsik 2013, S.29):

- Anfangszeit: Die IT ist als Linieninstanz der Finanzabteilung angesiedelt, da dort
  der größte Einsatz stattfand. (vgl. Schwertsik 2013, S.29)

- „Durch nachfolgendes Wachstum entstanden dezentrale IT-Systeme, die in der
  Folge durch die Etablierung der IT-Funktion als zentrale Stelle (z.B. in Form einer
  Stabsstelle) integriert werden sollten." (Schwertsik 2013, S.29)

- Aktuelle Entwicklungen gehen derzeit eher hin zu der Ansiedelung der IT als
  Querschnittsfunktion mit einer Kombination aus zentralen und dezentralen
  Elementen (vgl. Schwertsik 2013, S.29)

Trotz der einstimmig in der Literatur verbreiteten Meinung, dass es kein allgemein gültiges

Vorgehen in Fragen der IT Governance gibt, gibt es Bemühungen dieses Vorgehen in

Hilfen und normative Anweisungen zu verfassen. Es existiert hier ein Beispiel der Firma

Deloitte, welche ein Modell basierend auf den Zusammenhängen der Geschäftstreiber - die

miteinander in Wechselbeziehungen stehen - und IT Treibern - die auch in wechselseitiger

Beziehung zueinander stehen - verwendet. (vgl. Schwertsik 2013, S.29)

Ein weiteres Modell, das den wechselseitigen Einfluss unterschiedlicher Treiber der IT, der IT-Governance und der Corporate Governance beschreibt, ist der „Bezugsrahmen IT-Governance" von Rüter, Schröder und Göldner" (Schwertsik 2013, S.39) In diesem Modell werden drei konzentrische Kreise verwendet, wobei der mittlere Kreis die IT Governance darstellt. Der zentrale Kreis ist die IT, welche in Wechselbeziehung mit der IT Governance steht. Der äußerste Kreis ist die Corporate Governance, welche damit den Rahmen für die IT Governance darstellt. (vgl. Schwertsik 2013, S.39) Eine übersichtliche Darstellung dieses Konzeptes ist in der Abbildung Abb. 11 ersichtlich.

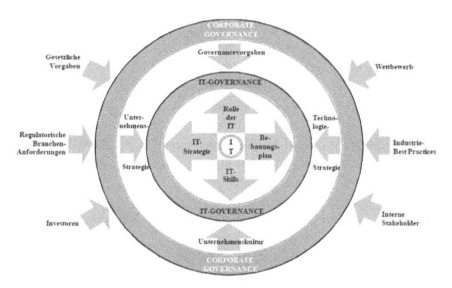

Abb. 11: Bezugsrahmen zur IT-Governance

Quelle: Schwertsik 2013, S.40

6.2 IT Risikomanagement

6.2.1 Was ist Risikomanagement?

Einer der zentralen Begriffe des Risikomanagements ist der Begriff „Risiko". Dieser kann auf verschiedene Arten definiert werden.

Im wirtschaftlichen Sinne wird oftmals Risiko als die Möglichkeit der Abweichung des tatsächlichen vom geplanten bezeichnet. Es gibt dabei verschiedene Arten wie z.B. Kapitalrisiko, Ertragsrisiko, Inflationsrisiko und viele mehr. Volkswirtschaftlich hat also Risiko immer etwas mit monetären Aspekten zu tun. (vgl. Ahrendts; Marton 2008, S.8)

Da Risiko allerdings oft anders verstanden wird, ist es besser im Gespräch gegenüber IT-Mitarbeitern aber an folgende Definition des Begriffs Risiko zu denken (vgl. Ahrendts; Marton 2008, S.9): „Ein Risiko ist die Möglichkeit des Eintritts eines Schadens." (Ahrendts; Marton 2008, S.9)

Das Gegenteil von Risiko ist die Chance. Eine Chance kann als noch nicht in die Realität umgesetzter Gewinn betrachtet werden. In jedem Projekt gibt es große Chancen für den Erfolg, allerdings gibt es keine Chancen ohne Risiken, aber er verbirgt sich auch hinter jedem Risiko eine Chance. (vgl. Ahrendts; Marton 2008, S.9)

Im groben kann man im Risikomanagement zwei Arten von Risiken unterscheiden: Interne und externe Risiken. Als externe Risiken ergeben sich für ein Unternehmen oder Projekt Rahmenbedingungen oder Umwelteinflüsse wie zum Beispiel Veränderung der Marktlage oder rechtlichen Regelungen, die nur durch strategische Anpassungen des Unternehmens und nicht durch operative Handlungen beeinflusst werden können. Im Gegensatz dazu sind die internen Risiken hauptsächlich „hausgemacht". Diese sind durch die Handlungen und Entscheidungen der Mitarbeiter selbst gemacht und man kann daher sehr gut operative Gegensteuerungsmaßnahmen unternehmen. (vgl. Ahrendts; Marton 2008, S.10)

Eine Auseinandersetzung mit Risiken dient vor allem dazu, diese früh zu erkennen und erforderliche Gegenmaßnahmen zu setzten. (vgl. Königs 2013, S.7) „Durch diese Massnahmen sollen die Risiken auf akzeptable Restrisiken reduziert werden".(Königs 2013, S.7) Koordinierte Aktivitäten zur Steuerung von Risiken werden als Risikomanagement bezeichnet. (vgl. Königs 2013, S.7)

Die folgende Abbildung zeigt schematisch ein prozessorientiertes Vorgehen beim Risikomanagement. (vgl. Königs 2013, S.7)

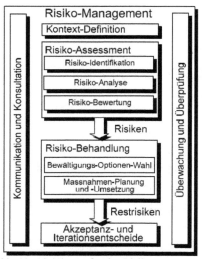

Abb. 12: Aktivitäten für das Risikomanagement

Quelle: Königs 2013, S.7

Die einzelnen Prozessschritte die in Abb. 12 ersichtlich sind werden in diesem Werk nicht behandelt. Hierzu empfiehlt sich die Literatur genau durchzulesen. Gute und verständliche Erklärungen kann man in den beiden oben zitierten Werken finden.

6.2.2 Risikomanagement in der Softwareentwicklung

Projekte stellen in der heutigen Softwarewelt die gängige Praxis der Organisation von Aufgabenstellungen und deren Abwicklung dar und besitzen ihre eigene Dynamik.(vgl. Ahrendts; Marton 2008, S.34) Weiters haben Softwareprojekte heutzutage gerne den Ruf verspätet und weit über den budgetierten Kosten zu liegen. Tatsächlich bestätigen Studien aus dem angelsächsischen Raum, dass nur 2% der Projekte das geplante Budget einhalten und nur 1% der Projekte den angegebenen Termin schaffen.(vgl. Ahrendts; Marton 2008, S.44) Deshalb bedarf es einem soliden Projektmanagement, welches als Kernkompetenz mit entsprechenden Fähigkeiten und Methoden ans Werk geht und damit auch einiges an Schnittmenge zum Risikomanagement darstellt. (vgl. Ahrendts; Marton 2008, S.34)

„Das grundlegende Modell für das Projektmanagement von Softwareprojekten ist das magische Viereck, ein vierdimensionales Kontinuum aus Zeit, Budget, Qualität und Funktionsumfang." (Ahrendts; Marton 2008, S.34) Zeit (wird innerhalb der Vorgabe abgeschlossen?), Kosten (bleiben die Kosten für Personal- und Ressourceneinsatz unterhalb des Budgets?), Qualität und Funktionsumfang (stimmt dieser mit den Erwartungen zum Projektstart überein?) stellen dabei die vier Ecken des magischen Vierecks dar. (vgl. Ahrendts; Marton 2008, 35) In der folgenden Abbildung ist klar ersichtlich, welche Ecken des Vierecks eher eine entgegengesetzte Wirkung aufeinander haben.

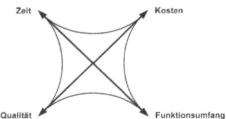

Abb. 13: Das magische Viereck

Quelle: Ahrendts; Marton 2008, S.35

Mit dem in der obigen Abbildung ersichtlichen magischen Viereck wird die Schnittstelle zwischen Projektmanagement und dem Risikomanagement deutlich sichtbar. (vgl. Ahrendts; Marton 2008, S.35) „Ein Risiko gefährdet immer die Optimierung einer oder mehrerer Dimensionen des magischen Vierecks. Ein gutes Management der Risiken arbeitet damit den Zielen des Projektmanagements direkt zu."(Ahrendts; Marton 2008, S.35)

6.2.3 Probleme in der Umsetzung

Eines der wohl gewichtigsten Probleme in der Umsetzung von Risikomanagement in der IT kommt daher, dass es in den meisten Betrieben nicht den benötigten Stellenwert besitzt und auch kaum Personal dafür abgestellt wird. Gut ersichtlich ist dies in der folgenden Abbildung, welche aus einer Umfrage im produzierenden Gewerbe erstellt wurde. (vgl. Ahrendts; Marton 2008, S.51 u. 52)

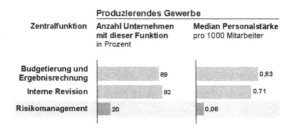

Abb. 14: Stellenwert des Risikomanagement im produzierenden Gewerbe
Quelle: Ahrendts; Marton 2008 S.52

Weiters stellt sich immer wieder heraus, dass ein Risikomanagement daran scheitert, dass nicht alle Mitarbeiter von IT-Projekten dasselbe Verständnis von den Begriffen Risiko und Risikomanagement haben. Dies lässt ein erfolgreiches Risikomanagement erst gar nicht entstehen.(vgl. Ahrendts; Marton 2008, S.52)

„Hinzu kommt das negative Charisma des „Schadens" und der „Bedrohung", zu selten werden die Chancen, die sich hinter vielen Risiken verbergen, thematisiert und in die Überlegungen mit eingebunden. Im Projektteam haben die Mitarbeiter letztendlich oft ein falsches Verständnis über das Risiko bzw. sie verwenden und kommunizieren es widerstrebend." (Ahrendts; Marton 2008, S.52) Mitschuld an diesen Dingen haben meistens auch die Projektleiter, welche ein aktives Risikomanagement weder richtig einfordern noch selber vorleben. (vgl. Ahrendts; Marton 2008, S.52)

Ein weiterer wesentlicher Faktor von Problemen in der Umsetzung eines erfolgreichen Risikomanagements ist oft darin zu finden, dass der Prozess, welcher zu einem guten Risikomanagement führt, nicht komplett durchdefiniert wird, während des Projektes vernachlässigt oder gänzlich vergessen wird. Oftmals wird in der Praxis die Investition in eine Zusatzarbeit für ein funktionierendes Risikomanagement als zu hoch und zu aufwendig gesehen. Die Folge daraus ist dann, dass Risiken solange verdrängt bzw. übersehen werden, bis diese zu ernsthaften Problemen führen. Damit befindet sich das Unternehmen dann im Prozess der Problembekämpfung, welches schlussendlich viel aufwendiger ist als ein aktives Risikomanagement aufzubauen und zu betreuen. (vgl. Ahrendts; Marton 2008, S.52)

Oftmals liegen die Gründe für ein nicht vorhandenes Risikomanagement aber auch eher auf der unternehmenspolitischen Ebene. Hierzu eine kurze Liste von möglichen Ursachen (teilweise oben schon erwähnt) (vgl. Ahrendts; Marton 2008, S.54):

- Projektleiter befürchten anhand des Risikomanagement das Aufdecken von Fehlern (früherer oder aktueller Projekte) bzw. Analysemöglichkeiten die negativ für das Projekt ausgelegt werden könnten.(vgl. Ahrendts; Marton 2008, S.54)
- Projektleiter befürchten zusätzliche Kosten bzw. Mehraufwand für das Team durch aufgezeigte Risiken und diese umgehen zu müssen.(vgl. Ahrendts; Marton 2008, S.54)
- Angst vor dem Aufdecken von mangelhaftem Vorgehen während der Projekterstellung (mangelhaftes Modell) (vgl. Ahrendts; Marton 2008, S.54)
- Fehlendes verzahnen des Risikomanagements mit anderen Prozessen sowie eine Angst, die entdeckten Risiken anzusprechen (vgl. Ahrendts; Marton 2008, S.54)

„Uns allen sind diese Hürden bekannt und wir alle wissen, dass es geeigneter Methoden und Verhaltensweisen bedarf, diese für ein erfolgreiches Risikomanagements zu überspringen." (Ahrendts; Marton 2008, S.54)

6.3 IT Compliance

6.3.1 Was ist IT Compliance?

IT Compliance kann in der Kurzform sinngemäß als die „Einhaltung bestimmter Gesetzte, Regeln" (Resch 2014) verstanden werden.

Diese Definition ist allerdings nicht ganz vollständig, da Unternehmen beim Befolgen und Umsetzten von gültigem Recht in drei Probleme stolpern, welche eine vollständige Umsetzung erschweren. (vgl. Falk 2012, S.33) Dies sind:

- „Unternehmen kämpfen gegen eine Normenflut" (Falk 2012, S.33)
- „die Organe der Unternehmen müssen ihre ggf. persönlichen Pflichten beachten" (Falk 2012, S.33)
- Häufig treffen in unterschiedlichen Unternehmen auch unterschiedliche Rahmenbedingungen aufeinander. (vgl. Falk 2012, S.33)

Ein Auszug weiterer Definitionen wird in der folgenden Abbildung dargestellt:

Autor (alphabetisch)	Definition
DCGK	„Der Vorstand hat für die Einhaltung der gesetzlichen Bestimmungen und der unternehmensinternen Richtlinien zu sorgen und wirkt auf deren Beachtung durch die Konzernunternehmen hin (Compliance)."[108]
Grundei/Talaulicar (2009)	„Handlungsweisen, die entweder dem Unternehmen verbindlich vorgegeben oder durch das Unternehmen selbst eingefordert werden, um die angestrebte Normkonformität zu sichern und nachzuweisen."[109]
Hauschka (2008)	„[...] bedeutet in etwa: Einhaltung, Befolgung, Übereinstimmung, Einhaltung bestimmter Gebote. Damit verlangt Compliance zunächst nur, dass sich Unternehmen und Organe im Einklang mit geltendem Recht bewegen müssen."[110]
Menzies (2004)	„Compliance steht [...] für die Einhaltung von gesetzlichen Bestimmungen, regulatorischen Standards und die Erfüllung weiterer wesentlicher Anforderungen der Stakeholder."[111]
Roth (2005)	„Gesetze, Verordnungen, Reglemente, Rundschreiben und Standesregeln sowie allgemein anerkannte bzw. anerkennungswürdige Geschäftsgrundsätze müssen von der Unternehmung, vom Management und von allen Mitarbeitenden eingehalten werden."[112]
Schneider (2003)	„Compliance umfasst die Gesamtheit aller Maßnahmen, um das rechtmäßige Verhalten aller Unternehmen, ihrer Organmitglieder, ihrer nahen Angehörigen und der Mitarbeiter im Blick auf alle gesetzlichen Gebote und Verbote zu gewährleisten."[113]

Abb. 15: Definitionen zum Begriff Compliance

Quelle: Falk 2012, S.34

Die IT Compliance wird als Teildisziplin der oben angesprochenen Unternehmens-Compliance gesehen. (vgl. Falk 2012, S.37)

Im weiteren Verlauf dieser Arbeit wird die IT Compliance vor dem Hintergrund der IT Compliance in der IT Sicherheit betrachtet, da uns dieser Teilbereich als einer der wichtigsten erschienen ist.

6.3.2 Bedeutung im Unternehmen

„Organisierte Kriminalität aber auch Nachrichtendienste führen heute hoch professionelle IT-Angriffe auf Firmen, Behörden und auch auf Privatpersonen durch. Die Methoden werden immer raffinierter, und die Abwehr von Angriffen erfordert einen immer höheren Aufwand". (Grünendahl; Steinbacher; Will 2012, S.5)

Auch wenn dies weithin bekannt ist wird für das Thema IT-Sicherheit in den deutschen KMU viel zu wenig dafür getan. Umfragen zeigen (vgl.
Grünendahl; Steinbacher; Will 2012, S.5):

- „Nur jedes vierte Unternehmen hat einen Notfallplan, sollten die Computersysteme ausfallen." (Grünendahl; Steinbacher; Will 2012, S.5)
- „Ähnliche wenige besitzen Sicherheitsrichtlinien und verbindliche Organisationsanweisungen zu Datenschutz und IT-Sicherheit." (Grünendahl; Steinbacher; Will 2012, S.5)
- Eine erschreckende Anzahl von ca. 32 % der Befragten hat gar keine Vorkehrungen im Bereich IT Sicherheit und Datenschutz getätigt.(vgl. Grünendahl; Steinbacher; Will 2012, S.5)

Laut einer Studie des KPMG liegt der durchschnittliche Schaden der bei Fällen von IT-Kriminalität auftritt bei ca. 300.000€. Mehr als die Hälfte der in 2010 von Wirtschaftskriminalität betroffenen Unternehmen wurden durch ITK-Kriminalität geschädigt. (vgl. Grünendahl; Steinbacher; Will 2012, S.7)

In der folgenden Abbildung werden die Ursprünge und Einschätzungen der bedeutendsten Gefahrenquellen dargestellt.

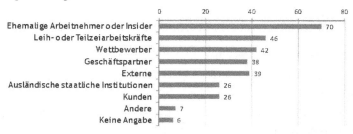

Abb. 16: Einschätzung bedeutender Gefahrenquellen
Quelle: Grünendahl; Steinbacher; Will 2012, S.10

Schließlich noch ein weiteres pikantes Detail zum Thema Sicherheit und deren Bedeutung. Im Jahr 2011 wurden am Flughafen Frankfurt 1500 Notebooks vergessen und 700 Notebooks wurden bei der deutschen Bahn gefunden und abgegeben. Die Dunkelziffer der nicht gemeldeten Fälle ist vermutlich sehr hoch. Es stellt sich nun die Frage, wie viele dieser Rechner eine Festplattenverschlüsselungssoftware verwendet haben und damit den erforderlichen Schutz der Daten gewährleistet haben. (vgl. Grünendahl; Steinbacher; Will 2012, S.10)

Diese Ausführungen zeigen klar auf, dass in die Richtung von Datensicherheit oder auch Schutz von Daten einiges getan werden muss. Ein wichtiger Baustein dabei ist ein Aufstellen von Regeln und Richtlinien für die Sicherstellung der Sicherheit und damit auch einer Compliance, die diese Regeln befolgt und das auch kontrolliert.

6.3.3 Schutz von Daten

„Der Schutz von Daten im Sinne der IT Sicherheit sollte sich am Schutzbedarf orientieren." (Grünendahl; Steinbacher; Will 2012, S. 54)

Ein Klassifikationsschema, welches auf alle Daten des gesamten Unternehmens anzuwenden ist, sollte errichtet werden. Dabei ist die Kritikalität und Sensitivität (z.B. vertraulich, Top Secret, öffentlich) der Daten zugrunde zu legen. Der Inhalt dieses Schemas besteht aus Details über die Festlegung von adäquaten Sicherheitsstufen und Schutzmechanismen, Dateneigentümerschaft und eine Beschreibung zur Datenaufbewahrung sowie deren Zerstörung. (vgl. Grünendahl; Steinbacher; Will 2012, S. 54).

Ebenfalls sollten die IT-Strategie unterstützende Richtlinien entwickelt und unterhalten werden.(vgl. Grünendahl; Steinbacher; Will 2012, S. 54) „Diese Richtlinien sollten die Absicht der Richtlinie, Rollen und Verantwortlichen, Prozesse zur Ausnahmebehandlung, Ansatz zur Compliance und Referenzen zu Verfahren, Standards und Anleitungen umfassen." (Grünendahl; Steinbacher; Will 2012, S. 54) Die wichtigsten Themen wie Qualität, Vertraulichkeit, Schutz von geistigem Eigentum, Sicherheit und Internal Controls sollten Inhalt dieser Richtlinie sein und durch diese ausführlich behandelt werden. Eine kontinuierliche Überprüfung dieser Richtlinie hinsichtlich Relevanz und Aktualität sollte erfolgen. (vgl. Grünendahl; Steinbacher; Will 2012, S. 54)

6.3.4 Verankerung der IT Sicherheit im Unternehmen

Eine Verankerung der IT Sicherheit im Unternehmen ist sehr wichtig, da durch bloßes Aufschreiben von Regeln oder Richtlinien diese noch lange nicht befolgt werden. Daher ist eines der wichtigsten Themen die Kommunikation der im Unternehmen geltenden Richtlinien und Regeln. (vgl. Grünendahl; Steinbacher; Will 2012, S. 277)

„Je umfangreicher und breiter die Einbindung der betroffenen Bereich in die Erstellung der hier vorgeschlagenen Policies, Richtlinien und Arbeitsanweisungen ist, umso höher wird in der Folge auch die Akzeptanz sein und umso leichter werden die Ergebnisse auch an der Stelle ankommen, wo sie tagtäglich gelebt werden müssen."
(Grünendahl; Steinbacher; Will 2012, S. 277)

Wichtig zu beachten dabei ist allerdings, dass die verwendeten Richtlinien und Policies nicht als Vertrauensbruch des Unternehmens gegenüber den Mitarbeitern verstanden werden, sondern als Hilfsmittel um die tägliche Arbeit regelkonform durchführen zu können. (vgl. Grünendahl; Steinbacher; Will 2012, S. 277)

7 Zusammenfassung und Schlussbetrachtung

Das strategische IT Management ist eines der wichtigsten Managementbereiche in den Unternehmen. Der Grund dafür ist die immer steigende Bedeutung der IT in den Unternehmen.

Um eine IT richtig beurteilen bzw. eine IT Landschaft korrekt aufbauen zu können, bedarf es einer IT Strategie. Diese Strategie wird in Anlehnung an die Unternehmensstrategie herausgearbeitet. Dabei sind einzelne Schritte wichtig zu beachten wie in Kapitel 4 beschrieben. Basis einer guten IT Strategie ist ein funktionierendes Alignment und Enabling.

Einer der beiden wichtigsten Punkte, das Alignment, beschäftigt sich dabei mit dem Thema der gemeinsamen Ausrichtung der IT und der Organisation. Alignment lässt sich in die Bereiche kognitives, architektonisches, strategisches, temporales, und systematisches Alignment einteilen.

Der zweite große Punkt, welcher innerhalb der IT Strategie eine tragende Rolle innehat, ist das Enabling. Das Enabling, auch „Ermöglichung" oder „Freigabe" (LEO 2014a) kann in die Unterpunkte IT Governance (Auf- und Zuteilung von Entscheidungsrechten), IT Risikomanagement (Umgang mit Chancen und Risiken) und der IT Compliance (Richtlinienerstellung und Befolgung) unterteilt werden.

Mit diesem Überblick über einen Teilbereich des IT Managements wurde uns klar, in welcher Dimension ein IT Management im Unternehmen etabliert sein sollte. Die Dimension alleine der IT Strategie im Unternehmen ist gewaltig und bedarf einiges an umsichtigen Entscheidungen und Umsetzungen durch IT Manager und IT Spezialisten.

Unsere Schlussfolgerungen aus dieser Arbeit sind auf das wesentliche reduziert folgende:

- der Einsatz von IT ist wichtig für ein Unternehmen
- noch wichtiger ist die Planung dieses Einsatzes
- stetige Kontrollen der Sicherheit, des Alignments und von Richtlinien sind ein absolutes muss
- gewachsene IT Strukturen (wie in unseren Unternehmen) sollten regelmäßig überprüft und auf neue Anforderungen eingestellt werden (Veränderung des Unternehmens)

Abschließend bleibt also nur der Aufruf an alle Leserinnen und Leser, als Manager von Unternehmen oder IT Managern sich vertiefend mit den einzelnen, hier nur im Überblick erwähnten, Kapiteln auseinanderzusetzten um einen Wertbeitrag der IT zum Unternehmenserfolg sicherzustellen.

Literaturverzeichnis

Ahrendts, Fabian; Marton, Anita (2008): IT-Risikomanagement leben. Berlin, Heidelberg: Springer Berlin Heidelberg (= Xpert.press). Online im Internet: http://link.springer.com/10.1007/978-3-540-30025-0 (Zugriff am: 29.05.2014).

Bashiri, Iman; Engels, Christoph; Heinzelmann, Marcus (2010): Strategic Alignment zur Ausrichtung von Business, IT und Business Intelligence. Berlin; Heidelberg: Springer-Verlag. Online im Internet: http://dx.doi.org/10.1007/978-3-642-11438-0 (Zugriff am: 22.05.2014).

Carr, Nicholas G. (2003): „IT doesn't matter." In: Harvard business Review, 2003 (2003), May 2003.

Falk, Michael (2012): IT-Compliance in der Corporate Governance. Anforderung und Umsetzung. Wiesbaden: Gabler Verlag. Online im Internet: http://link.springer.com/10.1007/978-3-8349-3988-3 (Zugriff am: 29.05.2014).

FOCUS Redaktion; Prof. Dr. Carl Hahn (2009): Paradigmenwechsel in der Automobilindustrie o. J.

Gehrer, Peter (2014): Bedeutung der IT, Geschäftsführer, Robotunits GmbH: Dornbirn o. J.

Grünendahl, Ralf Torsten; Steinbacher, Andreas F.; Will, Peter H.L. (2012): Das IT-Gesetz: Compliance in der IT-Sicherheit. Leifaden für ein Regelwerk zur IT-Sicherheit im Unternehmen. 2. Aufl. Wiesbaden: Vieweg+Teubner Verlag. Online im Internet: http://link.springer.com/10.1007/978-3-8348-8283-7 (Zugriff am: 29.05.2014).

Helmke, Stefan; Uebel, Matthias (Hrsg.) (2013): Managementorientiertes IT-Controlling und IT-Governance. Wiesbaden: Springer Fachmedien Wiesbaden. Online im Internet: http://link.springer.com/10.1007/978-3-8349-7055-8 (Zugriff am: 22.05.2014).

Hofmann (2010): Masterkurs IT-Management Grundlagen, Umsetzung und erfolgreiche Praxis für Studenten und Praktiker. Schmidt, Werner (Hrsg.) 2. Aufl. Heidelberg: Vieweg+Teubner.

Keuper, Frank (2010): Innovatives IT-Management: Management von IT und IT-gestütztes Management. Wiesbaden: Gabler.

Königs, Hans-Peter (2013): IT-Risikomanagement mit System. Praxisorientiertes Management von Informationssicherheits- und IT-Risiken. 4. Aufl. Wiesbaden: Springer Fachmedien Wiesbaden. Online im Internet: http://link.springer.com/10.1007/978-3-8348-2165-2 (Zugriff am: 29.05.2014).

KPMG Austria (Hrsg.) (2005): Cobit 4.0. Wien. Online im Internet: http://www.michlik.at/it_prozesse/CObIT_4.0_Deutsch.pdf (Zugriff am: 22.05.2014).

Krcmar, Helmut (2005): Informationsmanagement. 4. Aufl. Heidelberg: Springer.

LEO (Übers.)(2014a): Übersetzung „Enabling". LEO ein Onlineservice der LEO
   GmbH. Online im Internet:
   http://dict.leo.org/#/search=Enabling&searchLoc=0&resultOrder=basic&multiword
   ShowSingle=on (Zugriff am: 01.06.2014).

LEO (Übers.)(2014b): Übersetzung „Governance". LEO ein Onlineservice der LEO
   GmbH. Online im Internet:
   http://dict.leo.org/#/search=Governance&searchLoc=0&resultOrder=basic&multiw
   ordShowSingle=on (Zugriff am: 22.05.2014).

Masak, Dieter (2006): IT-Alignment IT-Architektur und Organisation. Berlin:
   Springer. Online im Internet: http://site.ebrary.com/id/10145235 (Zugriff am:
   22.05.2014).

Müller, Klaus-Rainer; Neidhöfer, Gerhard (2008): IT für Manager. Mit geschäftszentrierter
   IT zu Innovation, Transparenz und Effizienz. 1. Aufl. Wiesbaden:
   Vieweg+Teubner.

Plass, Christoph u. a. (2013): Chefsache it. Wie Sie Cloud Computing und Social Media
   zum Treiber Ihres Geschäfts machen. Heidelberg: Springer.

Resch, Olaf (2014): Compliance. Gabler Wirtschaftslexikon. Online im Internet:
   http://wirtschaftslexikon.gabler.de/Definition/it-management.html (Zugriff am:
   29.05.2014).

Schwertsik, Andreas Roland (2013): IT-Governance als Teil der organisationalen
   Governance. Krcmar, Helmut (Hrsg.) Wiesbaden: Springer Fachmedien
   Wiesbaden. Online im Internet: http://link.springer.com/10.1007/978-3-658-02161-
   0 (Zugriff am: 22.05.2014).

Winter, Prof Dr Robert; Landert, Karl (2006): „IT/Business Alignment als
   Managementherausforderung."
   In: WIRTSCHAFTSINFORMATIK, 48 (2006), 5, S. 309–309. Online im Internet:
   http://link.springer.com/article/10.1007/s11576-006-0074-2 (Zugriff am:
   27.05.2014).